Resumen del Acta del Jurado

En la ciudad de Jaén, reunido el 19 de septiembre de 2008 el Jurado de la XXIV convocatoria del Premio Jaén de Poesía convocado por CajaGranada, presidido por D. José Manuel Caballero Bonald y formado por D. Fernando Beltrán, D. Jesús Munárriz, D. Julio Neira y D. Juan Carlos Mestre, decide por mayoría proclamar ganadora la obra titulada *Cosas que apenas pasan*. Abierta la correspondiente plica, su autor resulta ser D. Arturo Tendero.

poesía Hiperión, 579

ARTURO TENDERO

COSAS QUE APENAS PASAN

FOTO: ELOY M. CEBRIÁN

ARTURO TENDERO

COSAS QUE APENAS PASAN

XXIV PREMIO «JAÉN» DE POESÍA

Hiperión

CajaGRANADA
Obra Social

poesía Hiperión
Colección dirigida por Jesús Munárriz
Diseño gráfico: Equipo 109
Dibujo de cubierta: Juanjo Jiménez

Calle de Salustiano Olózaga, 14 • 28001 Madrid Tfnos.: 91 577 60 15 / 16
http//www.hiperion.com • e-mail: info@hiperion.com
ISBN: 978-84-7517-935-3 • Depósito legal: M-46536-2008
Artes Gráficas Géminis, C. B. • San Sebastián de los Reyes • Madrid

IMPRESO EN ESPAÑA • PRINTED IN SPAIN

A Verónica, siempre

De haber querido hacerme un anillo,
hubiera elegido esta inscripción:
"Nada pasa". Estoy convencido de que
nada pasa sin dejar huella, y que
cada uno de nuestros actos, por
pequeño que sea, tiene importancia
para la vida presente y la futura.

A. CHEJOV

Relámpago

Quizá un relámpago
Al volver la mirada
Sólo la noche

MOMIJI

Esclarece la bóveda el relámpago
apenas un segundo.
Ni siquiera interrumpe
nuestro diálogo insomne
en el patio de agosto.
Nadie hace alusión al resplandor.
Tampoco un trueno lo subraya. Pasan
los minutos, las horas, sin que vuelva
a repetirse. El cielo está estrellado,
nada en el aire, nada en la naturaleza
presagia una tormenta. Y no obstante,
a veces la mirada se nos pierde
en el abismo, en pos
de aquel relumbre
furtivo, y tan fugaz que ya dudamos.
El eco del relámpago
ya sólo existe dentro de nosotros.

Aparcado ante un bancal

Están los anchos campos despoblados,
las estaciones pasan
sin distinguirse unas de otras.
A dónde va la vista en este páramo
sin encinas ni espigas que la ayuden
a medir las distancias.
Como si nunca hubiéramos
pisado este lugar,
que es la huella feroz de nuestro paso,
oímos el silencio.
Y cómo sobrecoge estar así,
sin ruido,
sin nada que se agite ni estremezca.
Asisto a esta quietud
como a una culpa.
La quisiera negar
encendiendo la radio.

La lluvia en el umbral

Igual que una trampilla que se cierra de golpe
y nos deja en penumbra, prisioneros,
un trueno repentino es la señal
de que el verano acaba.
Es sólo media tarde y ya tenemos
que encender la bombilla
para alumbrar las simples
tareas cotidianas.
Dos moscas aturdidas sobrevuelan
las sobras del almuerzo
y del verano.
De pronto no apetece ya salir.
Miro por los cristales,
recorro las estancias sin fijeza,
como las moscas, con un peso en las alas
que no deja volar el pensamiento.
Estamos de mudanza sin habernos movido.

Cuarenta años

Cerca de la autovía
un coche se demora en un sendero,
entre cultivos, bajo la mañana
desgreñada y fría de noviembre.
Paso ante él como una exhalación,
camino del trabajo. Y sin embargo
ahí sigue en mi cabeza
su lentitud, su calma,
su vivir en el margen de esta prisa.
Es como si al volante de ese coche
viajara la persona
que siempre quise ser y no he podido.
Desde ahí cómo se verá mi vida.

Sacar la cabeza

Regresa el sol de entre las nubes
contento como un perro que sale a recibirnos,
y el verde de los árboles sonríe.
Ha sido un día oscuro y ahora, hacia el final,
aclara para todos. Si no me siento pleno
en este instante iluminado, el último,
es por minucias: quién ganará el partido
que están televisando, por qué pierdo este tiempo
de lectura, mañana acaba el plazo
de entregar en el banco unos papeles...
Nubes de las que lentamente asomo
a este sol que ilumina las sendas apagadas.

Beber agua

Beber agua es volver a conocerse,
cambiar de estado sin cambiar de esencia,
como cambia la nieve expuesta al sol de abril.
Desde antes de beberla, estamos siendo
el entorno del agua. De nuestra trayectoria
nos trae sutil noticia murmurando
por las encrucijadas subterráneas.
Hasta la sed es agua
que se busca a sí misma.
Verla aflorar es para los sentidos
un reencuentro gozoso,
palpar la superficie transparente
donde flota un paisaje paralelo
es aceptar que somos
un reflejo que piensa y nada más.
Cuando bebemos agua a sorbos, recobramos
el instinto de mar de nuestras células,
la soledad sonora del principio.

Agua de olvido

J´ai avalé une fameuse gorgée de poison
RIMBAUD

Agua del grifo, ya no te conozco.
A qué me sabe tu país de ciénaga
desde el que burbujeas
sin microorganismos, sin voluntad de vida.
Sé que apartas de mí todas las fiebres
–tal vez incluso alguna deseable–,
pero me asomo a tu remanso
desde el abismo de mi sed
y no reflejas nada.
Domesticado espectro,
oscuridad con buenas intenciones,
en qué dique oxidado de tu larga odisea
has traicionado al reino de la luz.
Sé que me salvas,
pero no aprendo a serte fiel.
Puede que ni me salves, tu sabor me condena.
Y sin embargo bebo,

bebo de ti queriendo que seas agua,
con la esperanza
tenaz de comprenderte.

Cualquier nombre no basta

Existe, y sin embargo no sé cómo llamarlo.
Igual no tiene nombre y, si lo tiene,
debe estar diluido entre definiciones
desactivadas en los diccionarios.
Pero, sin nombre, cómo echarle el guante,
cómo enjaularlo en una idea.
Callo un momento y baila entre las cosas,
suspiro y sé que ahí sigue,
flotando en el bullicio.
El ritmo desquiciado de la vida
lo acalla, no lo mata,
de algún modo secreto lo alimenta.
Llamarlo amor es como no llamarlo:
ha designado tantas y tan dispares cosas
que no me sirve ya.
Se me queda impreciso, libresco, no describe
este ser dos mitades de lo mismo,
este saber qué está pensando el otro
por mucho que el trasiego nos separe.

Amor ya no me sirve,
pero si tú me apremias, lo diré
por pillarlo del rabo, aunque me quede
sólo el rabo agitándose en las manos
(qué difícil nombrar lo que está vivo
y cambia con la luz, con cada frase).
Te quiero no me sirve,
pero habrá de bastar para entendernos.

Hazañas remotas

Ni me esperaban para castigarme
ni nadie reparó
en mi regreso (como si volviera
de la calle una sombra):
planchaba en el salón mi madre
y jugaba mi hermano, no había vuelto
mi padre de la tienda.
Apenas con diez años
y unas pocas monedas sisadas de la hucha
venía
de descubrir el cine,
yo solo,
alucinado,
como recién caído de Marte.
Y nadie se enteró.
En ese mismo año
nos fuimos alejando
unos amigos
hasta un pueblo que está a veinte kilómetros

por una carretera que ahora es autovía.
Nos pasaban bufando
los coches como búfalos
con pausas suficientes de silencio
y soso atardecer.
Si se enteran, nos matan.
Pero no se enteraron. Me pregunto
dónde se esconde en mí
aquel aventurero,
por qué se retiró de sus hazañas
si nunca lo atraparon.

Inercia

Los objetos que tomo entre las manos
me dan su desamparo inerte.
Aspiro su silencio que se abraza a la noche
¿y qué respondo? Nada. Sigo oyendo

esos objetos tristes, su aletazo en la estancia
que tira de nosotros y nos traga
si no movemos algo, un dedo, un pie,
para mostrar que aquí seguimos
a las sombras dormidas,

a la historia interior que confundimos
con nuestra identidad.

Paseo con médium

Entre sus manos vuelve a ser tangible el mundo,
está tocándolo
para nosotros: esto es trigo, dice;
la cebada es distinta, tiene pelos.
Y en sus dedos el trigo conoce al fin que es trigo.
Más adelante aclara que el esparto
es esta mata despeinada, abunda
porque la cultivaban para trenzarla en cuerdas.
Y la acaricia al paso.
Con naturalidad anuncia luego
que tendrá que mudar a las gallinas
–la imagino cargándolas,
esas aves enormes
que andan picoteando hasta su sombra
mientras nos miran con desconfianza–.
Y hoy no ha tenido más remedio
que robar a una gata su camada, en un descuido,
jugándose la piel. Y parece tan frágil,
tan normal, tan tranquila, tan de carne y de hueso,

como si fuera
del mismo
planeta que nosotros.

Ciudad con río

Un murmullo constante
es todo cuanto sé
del río. Y sin embargo
soy el río.
Arrastra su corriente
este cuarto de hotel
con sus cuatro paredes
tenebrosas,
camarote de un barco
a merced de las aguas.
El ritmo de mis gestos
y hasta mis pensamientos
son parte del caudal
que se va noche abajo,
que se lleva en volandas
la ciudad
en coches fugitivos,
en cables de ascensor,
en alas de una risa femenina

lejana, invitadora,
todos bruma arrastrada
por el rumor voraz,
incontenible,
de ese río que suena.
Ni siquiera deshago la maleta.
¿Los que vengan detrás
podrán oírnos?
Sonidos que se alejan cauce abajo
entre la bruma.

Pausa comercial durante el sueño

Acaso soy y acaso no ese hombre
que se despierta muy temprano
y de forma automática
se va a comprar el pan y los cruasanes.
Espera turno entre conversaciones
sobre el cambio climático
y los últimos muertos en el pueblo.
Al volver lo corean los gorriones,
va inmerso todavía en la ficción
de la película de anoche
o tal vez en sus sueños, aún no despejados.
La indecisión del alba tiñe
de rosa las fachadas
y el aire que respira.
Vuelve a su casa como a un templo
en el que todos duermen.
Deja el pan y los cruasanes,
la ropa, algún proyecto
que empezaba a tirarle de la manga,

y se desliza
en la sábana tibia todavía
del calor de su cuerpo. Encontrará
pronto los sueños en donde los dejó
(en qué se diferencian
de su breve andadura). Al despertar
puede que se pregunte
quién ha traído el pan y los cruasanes.

Mátrix

Un carguero oxidado surca el mar
ante esta playa bulliciosa
y ya nadie lo sigue con la vista,
ni siquiera los niños.
Sobre nosotros un avión atruena
aún más que el mar
y apenas si nos roba un parpadeo.
En otro tiempo hubiéramos
agitado la mano: adiós, adiós.
Ahora sus viajes no tienen consistencia
en nuestro imaginario.
Como si fueran espejismos, símbolos
incomprensibles,
el sol, la música del mar, la arena,
los antiguos asombros,
existen sin nosotros
tras las gafas de sol,
tras el rapto sonoro de los auriculares.

Náufrago

Zarpó la noche
oscuridad adentro.
En mi casa ya todos
se fueron alejando de esta orilla
en donde yo resisto
y me debato entre rumores
furtivos: el reloj, el frigorífico,
el crujido de un mueble.
Cada vez más enorme,
la noche
bombea su silencio hasta este cuarto
en donde, prisionero
de una fascinación improductiva,
inútil,
me debato y me alejo
como Lope de Aguirre
en busca de un Dorado
que sólo existe en mí.
Cada paso que doy es sin retorno,

un óbolo a los dioses
que sólo me devuelven más cansancio,
la sensación morbosa de que soy
el último
de los hombres, que nadie
volverá a despertarse
cuando el sueño me venza.

Venecia

Quizá fuera el olor lo novedoso,
lo no vivido aún en crónicas ni en mapas.
Una humedad dramática, solemne.
Incesantes las aguas se mecían
y no encontraba modo de posar
las palomas huidizas
de mis lecturas.
Tanto había temido no llegar
antes de que se hundiera la ciudad
o que me hundiera yo. Pero allí estaba,
apretujado entre turistas,
asido al *vaporetto*, ante un canal.
Para que el sortilegio no menguara
tenía que pensar continuamente:
soy yo, y estoy aquí,
donde Mann, Casanova, estoy aquí.
Esto ocurrió hace meses.
Ahora puedo afirmar con fundamento
que en nada me ha cambiado la experiencia;

en todo caso, con cerrar los ojos,
hay un olor capaz
de llevarme a Venecia.

Emboscada

Regreso conduciendo a la ciudad,
camino de su luz desmemoriada,
cuando me asalta el sol en un recodo
y tan fugaz como una liebre
me encuentro cara a cara con mi infancia.
Es sólo un lametazo de luz sobre la hierba
que no devuelve imágenes,
ni un recuerdo tangible,
pero sí aquel mirar las cosas con holganza,
sin apremio ninguno,
sin culpa ni noción
de estar perdiendo el tiempo.

¿La misma playa?

No he vuelto a ver la playa,
ya nunca la veré, con unas huellas
de gaviotas recientes,
el mar abrumador, y muy al fondo,
tras un telar de sensaciones,
el tacto de tu mano y la ciudad
fundidos en mi cuerpo
irrepetible ya de esa mañana.
Son restos de un naufragio
que apenas reconozco entre despojos:
deshilachadas plumas de gaviotas
que chillan mar adentro,
aviones que interrumpen
cl sol unos instantes,
esta ciudad que borra
la ciudad que veíamos
con fachadas cerniéndose, creciendo
como un gigante antiguo

de esos libros que entonces te leía,
que parecían
escritos para niños, y eran ciertos.

Desenfocado

Como alguien que en el cine
se duerme en mitad de la película
y al despertar no sabe cuánto
se ha perdido, ni qué papel
le toca interpretar,
me busco entre los flases,
en medio del jolgorio de la fiesta,
de las uvas comidas
atropelladamente
entre inaudibles campanadas,
entre abrazos y besos
de caras familiares
que celebran el rito
con un desbordamiento de alegría
que es como una carrera para mí
en la que todos van muy por delante.

Como ir a por tabaco y no volver

La vida, como las autopistas,
a veces pone ante tus ojos
una señal de cambio de sentido.
Llega hoy en una encrucijada
lejana de la rutas familiares.
El azar te reúne con dos viejos amigos
(os habéis refugiado de la lluvia
entre el humo y los vidrios empañados
de un bar de carretera).
La charla te devuelve a decisiones
que te han ido trayendo hasta este tipo
con el que hoy te identificas.
Es como si de pronto
estuviera tu vida a medio hacer:
te sientes otra vez dubitativo,
indeciso ante calles que te hubieran
llevado a ser quién sabe.
Te despides y vuelves al diluvio
perdido todavía en tu marasmo.

La lluvia alborotando el parabrisas
te desorienta más, el coche corre
hacia un destino que no tiene
por qué ser el de siempre. Aprietas
el acelerador, te inclinas
hacia el volante, estás huyendo, huyendo
de vuelta hacia tu casa, a tu sillón,
en donde las palabras azar, lluvia, destino,
suenen domesticadas por ese halo de tedio
que tanto te ha costado edificar.

Fugacidad

Ella te habla. Escuchas y no escuchas
mientras intentas retener el mar,
su forma melodiosa, su luminoso olor,
su calma que te lleva hacia la noche
como una alfombra mágica.
No luches, no hagas fuerza, no desees,
sólo acepta. Que él haga el trabajo.
Que quede en ti lo justo, lo que pueda salvarse.

Ella te habla, escuchas sus palabras
mecidas por las olas, como si fueran mar también.
Sientes que está inundada como tú,
y ese conocimiento compartido,
que es una sombra, os une
hasta alcanzar registros del espíritu
que rara vez resultan accesibles.

Pero nada podrás llevarte en los bolsillos,

nada. La intensidad se llama así
porque está yéndose al vivirla
y si la piensas rompe y se hace espuma.

Despertar

He dormido nadando entre los símbolos,
buscando entre los rostros que flotan en las aguas
mi rostro verdadero
y ya no sé si existe.
La noche me ha arrojado sin resuello,
náufrago de una pesadilla,
a mi cama de siempre.
Cuando abro los ojos, me recibe
la luz, no la palabra con que la designamos,
el sol, que de tan cierto, no deja que lo observe.
Me desperezo, aparto las cortezas,
me quito los periódicos de encima,
mis manos me abren paso a la mañana,
al territorio invicto de la luz,
en esta hora en que todo es aún posible.

El fantasma de la ópera

Cuando el silencio agota
los últimos aplausos,
los murmullos postreros
del público que vuelve a sus hogares,
repaso el aria luminosa,
una fina rendija en una alcoba
donde relumbra siempre, prisionero,
el sol de la mañana.
La claridad me empapa,
hace el aire tan puro
que respiro quemándome.
Otros se pierden en esta soledad
pero yo lavo en ella
la ropa de mis días
y me siento más vivo.
El monstruo es no saber
llevar este calor a una mirada,

posarlo en unos labios, compartirlo.

El monstruo es esta vasta indiferencia
hacia la carne.

Días adormilados

Días adormilados
bajo la umbría roja
que se cae a pedazos
junto al río, llevadle
a quien me lea,
intacto, este paseo,
que sepa esta quietud,
igual que si
conmigo la mirase.

Carta sin destinatario

Asisto al sol que nace como a una ceremonia.
Es un desdoblamiento: estoy aquí
y a la vez con los otros,
con quienes amanecen sin ver amanecer:
saludarán al día en un reloj,
encenderán la lámpara,
un grifo, el desayuno,
y ya en la calle el mundo estará andando
con una luz vulgar, la luz de siempre.

Ver este amanecer
que apunta por el Este en un silencio estático
es guardar una carta.
Tal vez no pensaremos nunca en ella,
quizá hasta la perdamos
como cualquier objeto guardado por guardar.
Pero cómo saber que un día de tinieblas
este simple recuerdo, este instante de asombro
no vendrá en nuestra ayuda a rescatarnos.

Murcia

Antes de abrir los ojos, ya sabía
que no pintaba nada en la ciudad.
Había llegado persiguiendo
a una mujer que conocí
en otro sitio, una
que se te parecía, pero que no eras tú.
Esta misma canción que suena ahora
me despertó a todo volumen
y ya la luz entraba a borbotones,
esclareciendo el caserón vacío.
Eché a andar por las calles
siguiendo un rastro de azahar
y de campanas.
Las fachadas se fueron estrechando,
parecían llevar a un callejón
definitivo.
Pero siempre acudía, salvadora,
una plaza
y aquella luz cordial, risueña,
quitaba hierro a todo.

Andando a la estación
perdí mis pasos en las calles
y nunca volví a ser
el mismo que había sido al despertar.
¿Dónde van los que fuimos?
Acaso nunca salen de nosotros.
Aquella caminata
por plazas luminosas
me ha traído
veinte años después, a este recuerdo.

Visita

El suelo reproduce la luz de la ventana
y la ventana deja entrar el cielo
en la casa, la luz, esa maleta
de par en par abierta en el pasado.
Al entornar los ojos, qué turbadora el ascua
de un vivir ya vivido.
En esta tarde que se desdibuja,
aparto los abrojos y me miro por dentro:
ya viví este reflejo, este calor
de pequeño animal acariciado.

Meditación

Conspiran las palabras por ser yo,
por ocuparme. Designan mis contornos,
lo que sé, lo que digo, lo que hago.
Se diría que son más que mi sombra,
cualquiera que nos vea nos confunde.
Y sin embargo vienen de muy lejos,
de mucho antes, rodando por las bocas,
por los libros, llevándonos muy cerca
de gente que jamás conoceremos
por mucho que se nos parecieran.
Nos vamos, y aquí siguen
mostrando cómo fuimos
a quienes ya no puedan conocernos.
También nos necesitan
pues quién les dará vida
cuando no nos encuentren.
Para saber de mí hasta el fondo,
intento ser sin ellas.
Son dóciles, me ayudan

a buscar un lugar en donde el viento
no sepa articularlas, una música
anterior a la música.

Furtivos

Como si fueran huellas de un delito,
recogemos con prisa desusada
las ropas esparcidas, devolvemos
al sofá sus cojines decorosos
y dejamos que vuelva la luz gris
de este día en que ambos
nos echamos de menos
en distinto lugar,
en otros menesteres, como
si aquel impreso frío que firmamos
no tuviese valor, como si aún
robásemos el cuerpo a nuestros padres
con el mismo placer por lo prohibido,
como si,
para según qué cosas,
no creciésemos nunca.

Dolor de rodillas

Absorto en su poder, qué rey no necesita
la audacia de un bufón que le recuerde
que es humano y mortal.
Maldecirlo ante otros y mimarlo en privado
es el trato corriente.
Del mismo modo yo, monarca
en mi mediana edad, absorto en el vivir,
encuentro esta mañana al despertar
un mensaje punzante de mi yorick:
mis rodillas anuncian que se avecina lluvia.
Duelen lo suficiente; no tanto que no puedas
pensar qué significa ese dolor,
qué ligereza estás perdiendo,
a qué incómoda senda te acercas poco a poco.
Te duelen como el chiste de un bufón
que te conoce. Todos ríen
y sólo tú comprendes.

Ruinas

Sólo queda el silencio en las fachadas,
entre los muros calmos. Con su vuelo
las aves lo difunden por el cielo,
y aquí serpea en calles empedradas.
El silencio que hasta estas encimadas
atrajo al primer hombre y dio consuelo
a su cansancio y despertó un anhelo
de horizonte y poder en su mirada.
Silencio que en la piedra se sustenta
y parece dormir en la llanura
y prefiere sonar entre despojos.
En él la brisa sopla y se lamenta,
el tiempo se detiene y se madura,
la prisa, derrotada, cae de hinojos.

Ávila

Si yo necesitara el alma para algo
como no morir nunca,
saldría a rastrearla donde otros
cuentan que la encontraron,
caminaría por sus mismas calles,
querría ver los muros y las celdas
donde ocurrió lo más pequeño de sus vidas
igual que una mañana el detective
da rienda a la intuición
y asiste al vuelo de las aves,
al rumor de los templos
como si se tratase de mensajes cifrados.
A dónde van mis pies, dónde me llevan,
con esa mezcla de avidez
y desencanto del adicto, a dónde
si no es para tocar el alma
parte viva y sensible,
como este sol que pica ya en la nuca,
el rugir del estómago,

la ingravidez incluso
de haber buscado como un niño
la magia entre las piedras,
la vida del conejo
en la chistera del ilusionista.

El sabor solitario

Si trae muy malas notas el mayor,
o el mediano decide no hablarme en todo el día,
o la pequeña ha vuelto
a dejar sus juguetes tirados por la casa.
Si te vas tan deprisa que te vas
sin despedirte, o bien si nos cruzamos
con un amigo por la calle y no
me reconoce, y nos dispersa el tráfico.
También si me despierto a medianoche
después de haber hablado en sueños
con mi padre, que nos dejó hace meses,
como si me llevaran de la mano,
voy silencioso a la despensa
a lamer solitario mis heridas.
Las que no sé curar
de otra manera, a veces
tienen sabor a chocolate.

Vida conyugal con hijos fuera

Compartimos el baño,
la desnudez
de esta mañana
en la que todo
lo humano nos es propio.
Compartimos la luz
matizada por nubes, el aire
que se adentra moroso
por entre los visillos, el rumor
de la ciudad indiferente.
Y aunque apartamos
la mirada
atrapados por otros
pensamientos, también
esa atención dispersa se comparte
como una fina lluvia
cuyo rumor y aroma nos empapan
sin que tengamos que pensar que llueve.

Interior en penumbra

El aire que atraviesa la persiana entornada
viene envuelto en bullicio,
en claridad radiante y olorosa,
en zumbido de insectos, en polen pegajoso
que enturbia la nariz y que me aturde.
Y sin embargo busco, o ella me enreda,
esta penumbra íntima del cuarto en soledad
adonde vuelan fragmentos de vidas azarosas,
conversaciones rotas que pasan y se pierden
en lentitud lejana, y que nos dejan
de frente ante la noche,
quizás un poco antes de que la noche caiga
y se alargue el silencio y todo nos parezca
más verdad, más profundo y más inevitable.

Bolsas vacías

El viento arrastra, arremolina bolsas
que no contienen nada
y sin embargo muestran
el color, la pericia de un ser vivo.
Igual que sombras
de pronto liberadas de servirnos,
unidas en enjambres
que no se reconocen
lejos del orden de las estanterías,
buscan, en desbandada, por instinto,
las afueras, sus centros comerciales.
El mundo es mundo
porque las bolsas vuelan
y nadie las persigue con la vista.
El viento las recluta
entre las vagabundas
y las agolpa a miles
contra las vallas
de la autovía, hasta tumbarlas,

aunque no cambie nada cruzar al otro lado.
En el amanecer de la ciudad las bolsas
crepitan como pájaros hambrientos.
Ruedan como buscando no sé qué
recuerdos, en las calles.

Rayos UVA

Tirado ante la luz como una piedra,
igual de ciego y quieto y entregado,
el lagarto que fui lo absorbe todo,
me enseña a distinguir en el espectro
cada color adónde llega,
con qué cadencia posa
su carga sideral en mi corteza
haciéndome a la vez
más claro y más oscuro.

Pues ya que mi destino es ser ceniza,
que soy sólo un incendio transcurriendo,
quiero acercar mis manos a la hoguera
que forman mis propias llamas
y con razón arder,
adelantándome.

Silueta del sol, roja entre los párpados,
manjar para la piel,

veneno silencioso
en cuyo abismo circular
me voy hundiendo, hundiendo,
hasta ser
de pura redondez un cero, nada,
piedra pulverizada, arena del desierto.

Poeta sucesivo

¿Quién puede confiar en la memoria?
Caprichosa, inconstante,
a su antojo diluye estados de conciencia.
Inútil es que ahora, al escribir,
me sienta casi un Dios.
Es de autores distintos este libro.
Todos ellos hubieran contestado
que eran yo, al preguntarles.
Y no mienten, lo fueron.
Pero sólo soy yo quien esto firma,
aunque no lo seré cuando lo leas.

Nota y dedicatorias

Como otros poetas que conozco, antes de darles luz de imprenta a los poemas, los someto a la consideración de unos pocos amigos en cuya sagacidad confío tanto o más que en la mía propia. Sería injusto ocultar que esta vez han aportado sugerencias, consejos y sobre todo ánimo a paletadas Antonio Cabrera, Karmelo C. Iribarren, Eloy M. Cebrián, Javier Lorenzo y Verónica Hernández.

También creo necesario desvelar las conexiones intuitivas, es decir arbitrarias, que vinculan algunas piezas a un puñado de amigos que paso a enumerar. *El relámpago* me recuerda el mimo con que descuelga de la naturaleza sus versos Antonio Cabrera. *Aparcado ante un bancal* tiene la castellanía de César A. Ayuso, tal vez no su sutileza. *La lluvia en el umbral* no es urbana y sin embargo es para Karmelo C. Iribarren. *Cuarenta años* se lo leí antes que a nadie a Carlos Blanc. En *Hazañas remotas* soy un impostor, el personaje es Ángel Monteagudo Monti. La médium de *Paseo con médium* es Manoli González Reyes. Escribí *Ciudad con río* al tiempo que Javier Lorenzo escribía un poema paralelo. A la niñez de *Emboscada* sigue asomándose Frutos Soriano en sus haikus. *¿La misma playa?* Ya no la veremos, ¿verdad, Juan Luis Calbarro? *Desenfocado* lo dedico a José Luis Parra y a Susana Benet, a ver si conjura la prisa con la que solemos vernos. León Molina ha sido el primero en citar en un artículo versos de *Fugacidad;* no sabe cuánto se lo agradezco. Cada vez que hablo con Vicente Gallego me regala un apunte nuevo de su *Despertar*. Nadie mejor que un melómano como Valentín Carcelén para compartir *El fantasma de la ópera*. *Murcia* es para mí sinónimo de Dionisia García y Salvador. Hablar con Paco Brines o leerlo es siempre una *Meditación* deliciosa. Eloy M. Cebrián, su revista y su rótula maltrecha flotan en *Dolor de rodillas*. Escucho algunas ciudades como si me las explicara Pepe Corredor-Matheos; *Ávila* es para él. Ángel Aguilar me habló tan bien de *El sabor solitario* que sigo relamiéndome. En *Interior en penumbra*, como en algún otro, hay una deuda con ciertos poemas de Eloy Sánchez Rosillo. Las *Bolsas vacías* se mueven ante la mirada sabia de Juanjo Jiménez. Puede que *Poeta sucesivo* beba en las nicasiadas de Nicasio Sanchís.

ÍNDICE
Y CRONOLOGÍA DE LOS POEMAS

página

página

La primera edición de *Cosas que apenas pasan,* libro con el que Arturo Tendero resultó ganador del Premio Jaén de Poesía en su XXIV convocatoria, fue maquetada y compuesta en tipos Palatino en los ordenadores de Ediciones Hiperión, impresa en Artes Gráficas Géminis en San Sebastián de los Reyes, y plegada, cosida y cubierta en Encuadernación Rojo, todo ello en la Comunidad Autónoma de Madrid, a principios del otoño del año 2008.

RERUM COGNOSCERE CAUSAS